Laterne, Laterne …

Der Martinstag am 11. November ist eines der Feste, die besonders von Kindergarten- und Grundschulkindern mit großer Spannung erwartet werden. Voller Freude ziehen sie mit leuchtenden Laternen durch die dunklen Straßen und singen Martinslieder.

Kinder, die auf den Laternenumzug vorbereitet sind, werden diesen Abend ganz bewusst und intensiv erleben. Zu seiner Vorbereitung gehört aber nicht nur, die Legende des Heiligen Martin kennen zu lernen, sondern auch das Basteln der Laterne, meist gemeinsam mit den Eltern.

In diesem Buch zeige ich Ihnen viele verschiedene Laternenmotive, da ist bestimmt für jeden etwas dabei. Neben Klassikern wi… und Sterne finden Sie Motive, die Mädchen und Jung… stufe besonders ansprechen wie „Tausendun… nes Gespenst oder eine Ritterburg. Am … zusammen mit Ihrem Kind aus, dann … zu einem unvergesslichen Erlebnis.

Ein gutes Gelingen und viel Freude an … leuchtenden Laterne wünscht

Ernestine Tittkau

Hinweise & Tipps

Material

Fotokarton und Motiv-Fotokarton (beide 300 g/qm), Tonpapier (130 g/qm), Laternenzuschnitte aus 3D-Wellpappe, Wellpappe, Transparentpapier (42 g/qm), extra starkes Motiv-Transparentpapier (ca. 120 g/qm), Regenbogen-Transparentpapier (115 g/qm), Transparentpapier mit Prägung (Seidenraupen-Design, 40 g/qm), Strohseide, Bastelfilz, Bast, Chenilledraht; Laternenbügel.

Hilfsmittel

Diese Hilfsmittel werden fast bei jedem Objekt benötigt und sind deshalb bei den Einzelbeschreibungen nicht aufgeführt: Bleistift, Kohlepapier, Lineal, Falzbein, Schere, Cutter mit Schneideunterlage (für Innenausschnitte), Lochzange, Klebestift, z. B. UHU stic, Kraftkleber, z. B. UHU Alleskleber Kraft.

Vorlagen übertragen

Auf den Vorlagebögen sind alle Teile in Originalgröße abgebildet. Zum Übertragen der Motive Kohlepapier zwischen Vorlage und Fotokarton legen und die Linien durchpausen. Bei Wellpappe die Vorlage auf die Rückseite übertragen. Da die Mittelteile der Laternen meist aus demselben Material angefertigt werden wie die Motivseiten, ist es wichtig, alle Teile in einem Arbeitsgang platzsparend aufzuzeichnen.

Schablonen herstellen

Wird das Motiv mehrmals ausgearbeitet, ist die Herstellung einer Schablone sinnvoll. Architekten- oder Offsetpapier auf die Vorlage legen und das Motiv nachzeichnen. Die Zeichnung auf dünnen Karton kleben und ausschneiden. Die Schablone auf das Werkmaterial legen und mit Bleistift umfahren.

Ausschnitte hinterkleben

Die angefertigte Motivseite auf das Transparentpapier legen und die Umrisse des Ausschnittes nachzeichnen. Die Form ausschneiden, dabei einen Kleberand von ca. 5 mm lassen. Linien wegradieren. Einen Klebestift zum Kleben benutzen.

Mittelteile anfertigen

Die Maße der Mittelteile sind bei den einzelnen Beschreibungen angegeben. An beiden Längsseiten des Fotokartonstreifens einen 20 mm breiten Kleberand anzeichnen. Diese Linien mit dem Falzbein am Lineal entlangfalzen und falten. Kleine spitze Dreiecke als Klebestege ausschneiden.

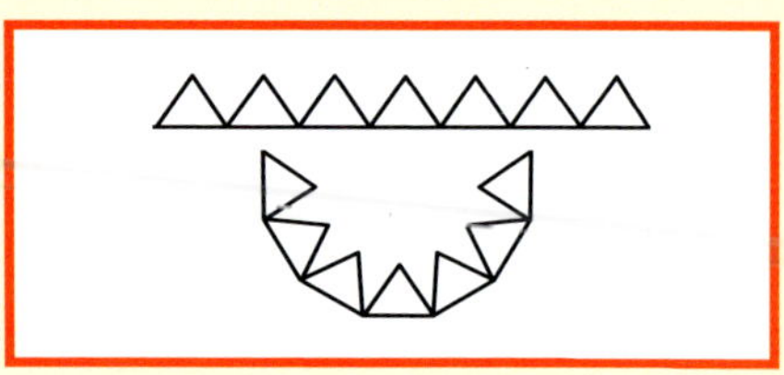

Bei kastenförmigen Laternen das Mittelteil den Angaben entsprechend quer falten und an jeder Faltlinie die Klebestege schräg abschneiden.

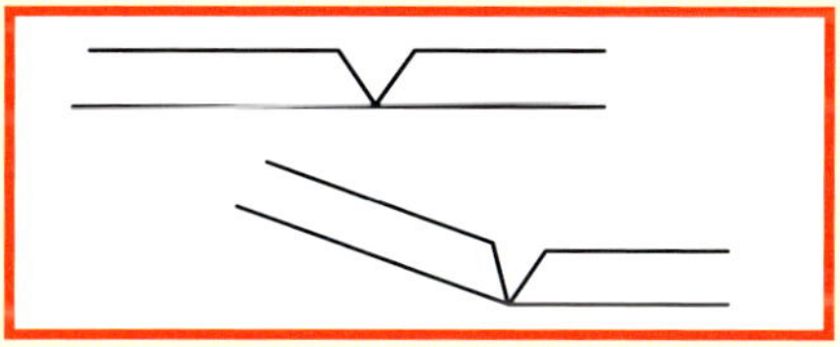

Mittelteile einkleben

Das Mittelteil abschnittsweise erst an einer, dann an der anderen Motivseite befestigen. Kraftkleber auf die Flächen auftragen, kurz antrocknen lassen und beide Teile fest zusammendrücken.

Aufhängung

Bei den meisten Laternen wird das Mittelteil oder ein Aufhängesteg aus Fotokarton mit der Lochzange gelocht und ein fertiger Laternenbügel angebracht.

Tipp: Anstelle der gekauften Laternenbügel können Sie auch selbst Bügel aus stabilem Draht herstellen.

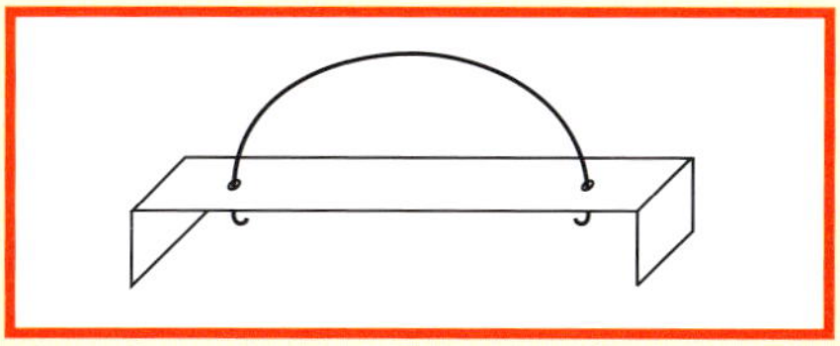

Ein Teil der vorgestellten Laternen kann nur mit einem elektrischen Laternenstab beleuchtet werden, der gleichzeitig am sichersten ist. Sollen Teelichter oder Kerzen verwendet werden, muss eine Halterung am Laternenboden angebracht werden.

Kleiner Eisbär

Material

- Fotokarton in Weiß
- Motiv-Transparentpapier mit Eiskristallen in Hellblau
- Filz in Rot
- 4 Wackelaugen, 18 mm Ø
- Pompons:
  - 2 St. in Rot, 20 mm Ø
  - 6 St. in Weiß, 10 mm Ø
- Filzstift in Schwarz
- Bürolocher
- Laternenbügel

Vorlage A

1 Die Motivseiten nach der Vorlage zweifach aus weißem Fotokarton zuschneiden. Die Ausschnitte mit Transparentpapier hinterkleben.

2 Den Mund mit Filzstift aufmalen. Wangenpunkte mit dem Locher aus Filz ausstanzen und fixieren. Den großen roten Pompon als Nase anbringen und die Wackelaugen aufkleben. Innenohren aus Filz schneiden und ankleben.

3 Die beiden Teile des Filzschals zuschneiden und an die Rückseite des Kopfes kleben. Mit kleinen weißen Pompons verzieren.

4 Das Mittelteil von 16 x 42 cm ausschneiden und zwischen die Seitenteile kleben (s. Seite 5). Bügel anbringen.

Maus

Abbildung und Materialangaben Seite 8

1 Für jede Laternenseite eine Maus nach der Vorlage ausschneiden. Satinbänder an die Schwänze binden. Ohren an der Rückseite anbringen. Paketschnur aufdrehen, nur einen Faden für jedes Schnurrhaar verwenden und aufkleben. Pompon als Nase ankleben, Augen und Mund aufmalen.

2 Die Ausschnitte mit Luftballon-Transparentpapier hinterkleben und die Mäuse dazwischen einkleben.

3 Die Laterne falten, zusammenkleben und mit gestanzten Luftballons verzieren.

Maus und Schnecke

Material

Für jedes Motiv

- Filzstift in Schwarz
- Laternenbügel

Maus

- Laternenzuschnitt aus 3D-Wellpappe in Rot
- Fotokarton in Gelb, Orange, Pink (teilweise Reste)
- Motiv-Transparentpapier mit Luftballons
- 4 Pompons in Rot, 10 mm Ø
- Satinband in Orange
- Paketschnur
- Evtl. Motivlocher:
  - „Blüte“
  - „Luftballon“

Schnecke

- Laternenzuschnitt aus 3D-Wellpappe in Gelb
- Fotokarton in Weiß, Gelb, Orange, Rot
- Motiv-Transparentpapier mit Flammen
- Transparentpapier in Gelb
- 20 Pompons in Weiß, 10 mm Ø
- Bastreste in Natur
- Bürolocher

Vorlagen B1, B2

Anleitungen Seiten 6/10

Herbstlicher Kürbis

Material

- Fotokarton in Gelb, Orange, Grün
- Transparentpapier in Rot
- Transparentpapier mit Prägung (Seidenraupen-Design) in Gelb, Orange
- Bast in Natur
- Chenilledraht in Schwarz
- 2 Holzperlen in Rot, 10 mm Ø
- Dünner Silberdraht
- Evtl. Motivlocher „Schnecke"
- Filzstift in Schwarz
- Evtl. Gelstift in Weiß
- Laternenbügel

Vorlage C

1 Die Teile nach der Vorlage zweifach aus Fotokarton ausschneiden.

2 Alle Ausschnitte mit Transparentpapier hinterkleben: die Nase mit rotem, die Augen mit gelbem und den ganzen Kürbis mit orangefarbenem Transparentpapier.

3 Bast bündeln, in der Mitte mit Silberdraht abbinden und zusammen mit dem grünen Blatt auf den Kürbis kleben. Die Schnecke der Abbildung entsprechend ausarbeiten und an die Rückseite der Kürbisform kleben. Den Kürbis eventuell mit gestanzten Schnecken verzieren.

4 Das Mittelteil von 16 x 55 cm zuschneiden und zwischen die Seitenteile kleben (s. Seite 5). Bügel anbringen.

Schnecke

Abbildung und Materialangaben Seite 8/9

1 Schnecken und Pilze nach der Vorlage ausschneiden und der Abbildung entsprechend ausarbeiten.

2 Gelbes Transparentpapier etwas größer als die Laternenausschnitte zuschneiden. Das Transparentpapier mit Flammenmotiv in ca. 4 x 4 cm große Stücke reißen, überlappend auf die gelben Transparentpapiere kleben und damit die Ausschnitte hinterkleben. Pilze und Schnecken fixieren.

3 Die Laterne falten, zusammenkleben und den Drahtbügel anbringen.

Igel mit Äpfeln

Material

- Fotokarton in Orange, Reste von Gelb, Rot, Grün
- Strohseide in Rot
- Rest von Transparentpapier in Blau
- 2 Pompons in Schwarz, 20 mm Ø
- Motivlocher „Blatt", groß
- Nylonfaden
- Filzstift in Schwarz
- Klebefilm
- Laternenbügel

Vorlage D

1 Den Igel nach der Vorlage zweifach ausschneiden. Kopfkontur, Augen und Stacheln mit dem Cutter schneiden.

2 Die Seitenteile mit Strohseide, die Augen mit Transparentpapier hinterkleben. Pompon als Nase fixieren.

3 Das Mittelteil von 16 x 52 cm zuschneiden und zwischen die Seitenteile kleben (s. Seite 5). Bügel anbringen.

4 Die Äpfel jeweils zweifach ausschneiden, zusammenkleben und dabei Stiele und Aufhängefaden einfassen. Gestanzte Blätter aufkleben. Die Fäden mit Klebefilm am Laternenboden fixieren. Alle Stacheln des Igels nach außen biegen.

Lustige Raben

Abbildung und Materialangaben Seite 14/15

1 Die Raben zweifach nach der Vorlage aus Fotokarton ausschneiden. Ausschnitte mit dem Cutter ausführen. Die Schnäbel mit unifarbenem, die Körperausschnitte mit gemustertem Transparentpapier hinterkleben.

2 Chenilledraht als Stirnfedern und Beine an die Motivrückseite kleben. Die Schuhe einschneiden, Beine einstecken und festkleben. Pompons, Wackelaugen, Herzen und Schal aufkleben. Kontur des Schnabels zeichnen.

3 Das Mittelteil von 16 x 56 cm zuschneiden. Von jeder Schmalseite ausgehend 3 cm abmessen und quer falten. Das Mittelteil einkleben (s. Seite 5), den Bügel anbringen.

Lustige Raben

Material

- Fotokarton in Orange, Rot, Blau, Schwarz
- Transparentpapier in Gelb, Rot
- Motiv-Transparentpapier mit bunten Punkten
- 8 Wackelaugen, 20 mm Ø
- Chenilledraht in Gelb, Orange
- Je 2 Pompons in Rot, Blau, 15 mm Ø
- Motivlocher „Herz“, groß
- Filzstift in Schwarz
- Laternenbügel

Vorlage E

Anleitung Seite 12

Apfelmännchen

Material

- Fotokarton in Gelb, Reste von Orange, Grün, Braun
- Regenbogen-Transparentpapier
- Filzrest in Rot
- Rest von Paketschnur
- 8 Holzperlen in Rot, 5 mm Ø
- Evtl. Motivlocher, „Blatt“, groß
- Zierrandschere
- Filzstift in Schwarz
- Laternenbügel

Vorlage F

1 Die Apfelform nach der Vorlage zweifach aus Fotokarton ausschneiden.

2 Die Ausschnitte mit Regenbogen-Transparentpapier hinterkleben.

3 Die Apfelmännchen aus Fotokarton, ihre Mützen aus Filz ausschneiden und aufeinander kleben. Für die Beine ein Stück Paketschnur aufdrehen und nur jeweils einen Faden verwenden. Holzperlen als Füße ankleben und die Beine an den Rückseiten der Apfelmännchen befestigen. Die Gesichter mit Filzstift aufmalen und die Figuren auf die Laterne kleben.

4 Die Laterne mit ausgeschnittenen oder mit dem Motivlocher gestanzten Blättern verzieren.

5 Das Mittelteil von 16 x 56 cm zuschneiden und zwischen die Seitenteile kleben (s. Seite 5). Den Drahtbügel anbringen.

Mond und Sterne

Material

- Fotokarton in Gelb
- Motiv-Fotokarton mit Sternchen oder Pünktchen in Gelb, Rot, Blau
- Transparentpapier in Blau, extra stark
- 2 Pompons in Rot, 20 mm Ø
- 2 Metallglöckchen
- Silberdraht
- Motivlocher „Stern", groß
- Laternenbügel

Vorlage G

1. Den Mond nach der Vorlage zweifach ausschneiden. Die Ausschnitte mit dem Cutter ausführen.

2. Die Laterne mit kreisrund geschnittenem, blauem Transparentpapier hinterkleben.

3. Mütze und Sterne aus gemustertem Fotokarton schneiden bzw. stanzen und der Abbildung entsprechend aufkleben.

4. Das Glöckchen auf Silberdraht fädeln und den Draht an die Mützenspitze kleben. Den Pompon darüber kleben.

5. Das Mittelteil von 16 x 65 cm zuschneiden und zwischen die Seitenteile kleben (s. Seite 5). Den Drahtbügel anbringen.

Wichtel

Material

- Fotokarton in Orange, Rot, Reste von Grün, Schwarz
- Wellpappe in Grün
- Strohseide in Weiß
- Bastrest in Natur
- 2 Pompons in Rot, 20 mm Ø
- 2 Metallglöckchen
- Silberdraht
- 2 Holzstreuteile „Pilz"
- Evtl. Motivlocher „Blatt", groß
- Filzstift in Schwarz
- Evtl. Gelstift in Weiß
- Laternenbügel

Vorlage H

1 Die Teile zweifach nach der Vorlage aus Fotokarton bzw. Wellpappe ausschneiden.

2 Die Ausschnitte mit Strohseide hinterkleben. Augen, Nase, Wangen aufkleben. Den Mund mit Filzstift aufmalen. Eventuell mit Gelstift Glanzpunkte in die Augen setzen.

3 Mütze und Besatz aufkleben, dabei einige Basthaare einlegen. Glöckchen und Pompon an der Mützenspitze fixieren. Ausgestanzte Blätter und Dekopilz aufkleben.

4 Das Mittelteil von 16 x 52 cm zuschneiden und zwischen die Seitenteile kleben (s. Seite 5). Bügel anbringen.

Schildkröte

Abbildung und Materialangaben Seite 22/23

1 Die Seitenteile zweifach, den Kopf einfach nach der Vorlage ausschneiden. Die Ausschnitte mit Strohseide hinterkleben und mit gemusterten Sechsecken verzieren.

2 Die Füße ausschneiden und jeweils innen an den Seitenteilen ankleben. Den Kopf beidseitig ausgestalten, die Klebestege am Hals einschneiden und umknicken.

3 Das Mittelteil von 16 x 50 cm zuschneiden und zwischen die Seitenteile kleben (s. Seite 5). Den Kopf so auf das Mittelteil kleben, dass die Laterne gut ausbalanciert ist. 2 cm breiten Filzschal und den Drahtbügel anbringen.

Schildkröte

Material

- Fotokarton in Grün
- Rest von Tonpapier in Gelb
- Strohseide in Grün
- Reste von Motiv-Fotokarton in Grün
- Filzrest in Orange
- Bast in Orange
- 2 Wattepompons in Rot, 10 mm Ø
- 2 Wackelaugen, 15 mm Ø
- Evtl. Motivlocher „Schnecke“
- Silberdraht
- Laternenbügel

Vorlage I

Anleitung Seite 20

Kleines Gespenst

Material

- Fotokarton in Weiß
- Rest von Tonpapier in Gelb und in verschiedenen Farben
- Motiv-Transparentpapier mit Herzchen in Weiß
- 4 Klangstäbe, 40 mm lang
- 4 Wackelaugen, 20 mm Ø
- Evtl. Motivlocher „Kreis“, klein
- Filzstift in Schwarz
- Buntstift in Rot
- Klebefilm
- Laternenbügel

Vorlage J

1 Das Gespenst zweifach nach der Vorlage ausschneiden, Ausschnitte mit dem Cutter ausführen.

2 Alle Ausschnitte mit Transparentpapier hinterkleben. Den Mund mit Filzstift aufmalen. Wangenpunkte mit rotem Buntstift aufmalen und mit dem Finger verwischen. Haare, Nase und Wackelaugen aufkleben.

3 Das Mittelteil von 16 x 48 cm zwischen die beiden Seitenteile kleben (s. Seite 5).

4 Für die Kette Tonpapierstreifen von 1 x 10 cm zuschneiden, zu Ringen zusammenfügen und auf das Gespenst kleben. Die Aufhängung der Klangstäbe mit Klebefilm an den „Ärmeln“ fixieren. Den Drahtbügel anbringen.

Ritterburg

Abbildung & Materialangaben Seite 26/27

Die Burg nach der Vorlage ausschneiden, Ausschnitte mit dem Cutter ausführen. Transparentpapier etwas kleiner als die Burgfassaden schneiden und an die Rückseiten kleben. Die Fähnchen ausschneiden, an gekürzte Schaschlikspieße kleben und mit Klebefilm innen an den Türmen befestigen. Holzperlen auf die Spitzen kleben. Das Wappen gestalten und über der Tür befestigen. Das Mittelteil von 16 x 62 cm zuschneiden, von jeder Schmalseite ausgehend 16,5 cm abmessen und quer falten. Zwischen die Seitenteile kleben (s. Seite 5). Zwischen den Türmen je einen Steg zur Stabilisierung einkleben. Den Drahtbügel am Mittelteil befestigen.

Ritterburg

Material

- Fotokarton in Gold, Rest von Silber
- Regenbogen-Transparentpapier mit rechteckigen Farbfeldern
- Reste von Motiv-Fotokarton mit Streifen in Rot-Weiß, Gelb-Weiß
- Schaschlikspieße
- 2 Holzperlen in Schwarz, 6 mm Ø
- Klebefilm
- Laternenbügel

Vorlage K

Anleitung Seite 24

Tausendundeine Nacht

Material

- Fotokarton in Blau, Gold
- Motov-Transparent-papier in Blau mit Sternen
- 3 – 6 Metallglöckchen
- Dekosterne in Blau
- Holzperle in Blau, 8 mm Ø
- Silberdraht
- Spitze Nadel
- Klebefilm
- Laternenbügel

Vorlage L

1 Die Laterne nach der Vorlage zweifach ausschneiden. Die Ausschnitte mit dem Cutter ausführen und mit Transparentpapier hinterkleben.

2 Die Metallglöckchen auf Silberdraht ziehen und den Draht innen an den Turmausschnitten mit Klebefilm fixieren.

3 Für das goldfarbene Papierglöckchen am unteren Laternenrand zwei Formen ausschneiden, in der Mitte falten und an den Bruchkanten zusammenkleben. An der Glockenspitze ein Loch stechen, Silberdraht einziehen und eine Perle auf den doppelt gelegten Draht fädeln. Den Draht mit Klebefilm innen am Laternenrand festkleben.

4 Das Mittelteil von 16 x 71 cm zuschneiden. Von jeder Schmalseite ausgehend 5 cm und 25 cm abmessen und jeweils quer falten. Das Mittelteil zwischen beide Motivseiten kleben (s. Seite 5) und den Drahtbügel an den 5 cm breiten Stegen des Mittelteils anbringen.

5 Die Laterne mit Dekosternen, Sternformen aus Transparentpapier und einer Mondsichel verzieren.

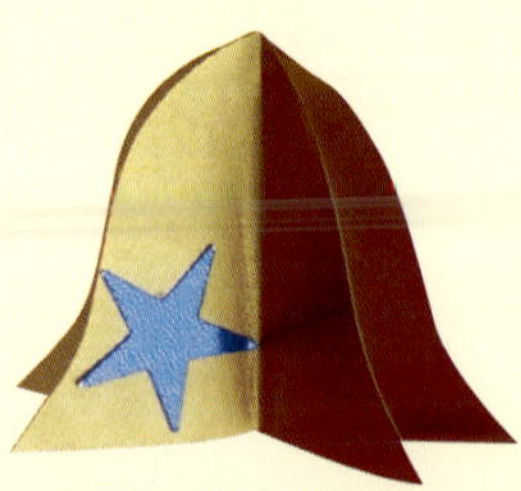

Monster und Leuchtkäfer

Material

- 2 Luftballons
- Transparentpapier in Rot, Blau, Grün, Reste in Gelb, Pink
- Krepppapier in Gelb
- Wattebausch
- Pompon in Schwarz, 20 mm Ø
- Chenilledraht in Schwarz
- 2 Holzperlen in Rot, 12 mm Ø
- 4 Wackelaugen, 18 mm Ø
- Evtl. Motivlocher „Kreis“, groß
- Zierrandschere
- Angerührter Tapetenkleister
- Pinsel
- Laternenbügel

Vorlagen M1, M2

1 Jeden Luftballon zu einer mittleren Größe aufpusten und den Hals verknoten.

2 Das Transparentpapier in ca. 4 x 4 cm große Stücke reißen. Mit dem Pinsel Tapetenkleister auf die Luftballons auftragen und Papierschnipsel in mehreren Lagen aufkleben. Zum Schluss die gesamte Oberfläche nochmals mit Tapetenkleister bestreichen und die aufgeklebten Schnipsel glätten. Die Luftballons 2 bis 3 Tage trocknen lassen.

3 Die Luftballons anschneiden, damit sie platzen, und den oberen Rand mit der Schere bzw. der Zierrandschere gerade abschneiden.

4 Für die Haare des kleinen Monsters sog. „Hexentreppen“ aus Papierstreifen falten. Jeweils drei Stück zusammenkleben und auf dem Luftballon fixieren. Krepppapier um den Wattebausch wickeln und als Nase festkleben. Wackelaugen und Zunge anbringen.

5 Den Käfer mit Punkten, Pomponnase, Wackelaugen und Fühlern aus Chenilledraht ausgestalten. Holzperlen auf die Fühlerspitzen kleben.

6 Am Laternenrand jeweils zwei Löcher stechen oder stanzen und den Drahtbügel einhängen.

Impressum

ISBN 3-419-56637-9

Lektorat und Produktion:
Elke Fox, Freiburg

Styling und Fotos:
Christoph Schmotz, Freiburg

Layoutentwurf:
Network!, München

Coverrealisierung:
smp, Freiburg

Druck:
Freiburger Graphische Betriebe

Wir sind für Sie da, wenn Sie Fragen haben.
Und wir interessieren uns für Ihre eigenen Ideen und Anregungen.
Schreiben Sie uns, wir hören gern von Ihnen!
Ihr Christophorus-Team

Verlag Herder GmbH
Christophorus-Verlag
Hermann-Herder-Str. 4
79104 Freiburg
Tel.: 0761/2717-0
Fax: 0761/2717-352
e-mail:
info@christophorus-verlag.de
www.christophorus-verlag.de

Weitere Titel von Ernestine Fittkau

3-419-56573-9

3-419-56596-8

3-419-56502-X

3-419-56592-5

3-419-56561-5

3-419-56522-4

Ernestine Fittkau

Laternen

Wir basteln mit Papier

CREATIV COMPACT

CHRISTOPHORUS

Inhalt

3 Laterne, Laterne ...

4 Hinweise & Tipps

6 Kleiner Eisbär

8 Maus und Schnecke

10 Herbstlicher Kürbis

12 Igel mit Äpfeln

14 Lustige Raben

16 Apfelmännchen

18 Mond und Sterne

20 Wichtel

22 Schildkröte

24 Kleines Gespenst

26 Ritterburg

28 Tausendundeine Nacht

30 Monster und Leuchtkäfer